Holt Spanish 1A

Cuaderno de vocabulario y gramática

Regina DiPietra
714

HOLT, RINEHART AND WINSTON

A Harcourt Education Company

Orlando • **Austin** • New York • San Diego • Toronto • London

Reviewer

Mayanne Wright

ISBN 0-03-074374-5

15   1421   13 12 11

4500328745

Table of Contents

¡Empecemos!

1 Today is the first day of school, and you are getting to know your teacher and classmates. Match each situation to the expression you would use.

_____ **1.** to introduce yourself

_____ **2.** to ask who a certain girl is

_____ **3.** to ask a classmate his name

_____ **4.** to tell who another boy is

_____ **5.** to ask someone a boy's name

_____ **6.** to ask the teacher her name

_____ **7.** to say who the girl next to you is

a. ¿Cómo te llamas?
b. Él es Pedro.
c. Ella es Elsa.
d. ¿Cómo se llama él?
e. Soy *(your name)*.
f. ¿Quién es ella?
g. ¿Cómo se llama usted?

2 Write how you would greet each person below. Be sure to ask some people how they're doing.

1. Mr. Tanaka, in the morning _____

2. Your friend, at school _____

3. Mrs. Wilson, in the afternoon _____

4. Mrs. García, in the evening _____

5. Mr. Acero, before noon _____

3 Look at the illustrations. Then provide an appropriate response to tell how each person is feeling, following the **modelo.**

MODELO
—Buenos días, señora. ¿Cómo está usted?
—**Estoy bien, gracias.**

1. —Hola, Luisa. ¿Cómo estás?

_____

2. —Hola, Bernardo. ¿Qué tal?

_____

3. —Buenas tardes, señora. ¿Cómo está usted?

_____

MODELO   **1.**

2.   **3.**

4 Marissa and her friends are saying good-bye after a party. Can you think of five different expressions they might use? The first one has been done for you.

1. Marissa: **Tengo que irme.** _____

2. Carlos: _____

3. Alexis: _____

4. Reba: _____

5. Zula: _____

5 Verónica is looking at a friend's pictures and wants to know who each person is. Write her friend's response for each picture. The first one has been done for you.

| 1. Patty | 2. Carlos | 3. Makiko | 4. mi amiga Ani | 5. mi amigo Juan |

1. ¿Quién es ella? **Ella es Patty.** _____

2. ¿Quién es el muchacho? _____

3. ¿Quién es ella? _____

4. ¿Quién es la muchacha? _____

5. ¿Quién es él? _____

6 For each of the expressions below, write one (in Spanish) with the same or a very similar meaning.

1. ¿Qué tal? _____

2. Soy Alejandra. _____

3. Hasta pronto. _____

4. ¿Cómo se llama él? _____

2

VOCABULARIO 1

7 Choose the correct ending for each incomplete sentence.

MODELO __b__ Julián es _____.

    a. regular   **b.** un amigo   **c.** una profesora

_____ **1.** Alicia es mi _____.

    a. compañero de clase   **b.** profesor de ciencias   **c.** mejor amiga

_____ **2.** Éste es _____.

    a. Claudio   **b.** la señora López   **c.** encantado

_____ **3.** Ella se llama _____.

    a. mi mejor amiga   **b.** Antonio   **c.** Ana María

_____ **4.** Ésta es _____.

    a. encantada   **b.** la señora Escamilla   **c.** un amigo

8 Look at the chart below and write the questions to the answers given. The first one has been done for you.

Jessica	Jennifer	Iván	Señora Ruiz
Estados Unidos	Costa Rica	Puerto Rico	Bolivia

1. **¿De dónde eres tú, Jessica?**_____ Yo soy de Estados Unidos.

2. _____ Ella es de Costa Rica.

3. _____ Él es de Puerto Rico.

4. _____ Yo soy de Bolivia.

9 Marla is introducing her friends to Julián. Fill in the blanks with appropriate expressions to complete their conversation.

Marla   Victoria, éste es Julián.

Victoria   Hola, Julián.

Julián   (1)_____

Victoria   ¿De dónde eres, Julián?

Julián   (2)_____ Cuba. ¿Y tú?

           (3)¿_____ eres?

Victoria   Soy de San Francisco, California.

Marla   Julián, (4)_____ Angélica.

Julián   (5)_____

Angélica (6)_____

¡Empecemos!

Subjects and verbs in sentences

- The **subject** of a sentence is the person, place, or thing being described or performing an action. It can be a noun or a pronoun (a word that replaces a noun such as **él** or **ella**).

    El señor Garza es profesor de español.   **Él** es de España.
    Mr. Garza is a Spanish teacher.   *He is from Spain.*

- The **verb** is the action the subject is performing or the word that connects the subject to a description (a word like **soy/eres/es**).

    Alicia **es** estudiante.   Yo **soy** de México.
    Alicia is a student.   *I am from Mexico.*

- In Spanish, the subject can be left out if it is clear who or what is being described.

    Juan es mi amigo. **Él** es de Paraguay. *or* Es de Paraguay.
    Juan is my friend. He is from Paraguay.

---

10 Write the subject and the verb of each sentence on the lines that follow it.

MODELO Mi amigo es de España. subject: **Mi amigo** verb: **es**

1. Yo soy Vicente. subject: _____ verb: _____

2. Marta es mi compañera de clase. subject: _____ verb: _____

3. Ella es de California. subject: _____ verb: _____

4. El señor Porta es mi profesor. subject: _____ verb: _____

5. Él es el señor Ortiz. subject: _____ verb: _____

11 Unscramble each set of words to make a complete sentence. Capitalize letters and add punctuation where appropriate.

MODELO es / Bolivia / mi amiga / de **Mi amiga es de Bolivia.**

1. de / Javier / México / es

    _____

2. es / mi mejor amiga / ella

    _____

3. mi profesor / es / él / de ciencias

    _____

4. una compañera / Rosa / de clase / es

    _____

Holt Spanish 1A   Cuaderno de vocabulario y gramática

GRAMÁTICA 1

Subject pronouns in Spanish

One person		More than one person	
yo	*I*	**nosotros** (males or mixed group)	*we*
		nosotras (all female)	
tú (familiar)	*you*	**vosotros** (all males or mixed group, in Spain)	*you*
usted (formal)		**vosotras** (all females, in Spain)	
		ustedes (males and/or females)	
él	*he*	**ellos** (males or mixed group)	*they*
ella	*she*	**ellas** (all female)	

---

12 What pronoun would you use to *talk to* these people? The first one has been done for you.

1. your friend's father ___**usted**___

2. your friend _____

3. a group of several girls
   from Spain _____

4. two classmates _____

5. a group of school children
   in Spain _____

6. your teacher_____

13 What pronoun would you use to *talk about* these people? The first one has been done for you.

1. your two best friends, both
   female ___**ellas**___

2. your big brothers _____

3. your two neighbors, a boy and
   a girl _____

4. yourself _____

5. your sister _____

6. your father _____

7. your uncle, your aunt,
   and yourself _____

14 Write the pronoun that you would use for each of the following subjects in Spanish.

MODELO Elvira y tú **ustedes**

1. Ricky _____

2. Mis amigas y yo *(all girls)* _____

3. Víctor y Ricardo _____

4. Julieta _____

5. Robert y tú *(in Spain)* _____

6. Rosa y Mónica _____

GRAMÁTICA 1

15 Look at the following list of subject pronouns and check all the boxes that apply to each. The first one has been done for you.

Subject pronoun	One person	More than one person	Male(s)	Female(s)	Males and females
Ellos		X	X		X
Ella					
Ustedes					
Ellas					
Nosotras					
Usted					
Nosotros					
Él					
Vosotras					
Tú					
Vosotros					

16 Rewrite the following sentences by replacing the subject with a pronoun.

MODELO Mariano es de Ecuador. **Él es de Ecuador.**

1. Doug es un estudiante de San Francisco, California.

_____

2. La muchacha es mi amiga.

_____

3. Bruce y Roberto son *(are)* estudiantes.

_____

4. Maribel y yo somos *(are)* de España.

_____

17 In the conversation below, write on each line the subject pronoun that has been left out. The first one has been done for you.

Cristina Hola. Soy Cristina Ochoa. (1)____Yo____

Éste es mi amigo. Se llama Malcolm. (2)_____

Antonela Me llamo Antonela. (3)_____

Ésta es Gloria. Es mi amiga. (4)_____

¡Empecemos!

18 Write out the number represented by each group of objects.

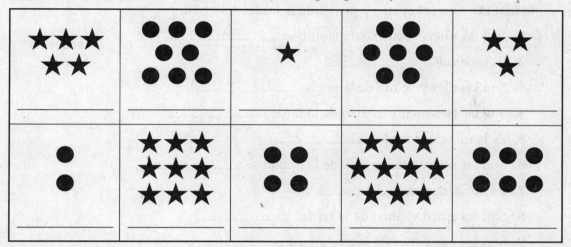

19 Solve the following problems. Write out your answers in Spanish.

11 + 5 = _____   2 + 10 = _____

12 + 6 = _____   30 ÷ 2 = _____

5 × 4 = _____   5 × 5 = _____

6 + 11 = _____   30 − 8 = _____

13 + 6 = _____   20 + 11 = _____

8 + 3 = _____   36 − 10 = _____

20 − 7 = _____   5 − 5 = _____

2 × 7 = _____   12 × 2 = _____

20 Nina is gathering contact information from Dimitri for her Spanish class.
Complete their conversation by providing her questions. The first one has been
done for you.

1. Nina   **¿Cuál es tu teléfono, Dimitri?**
_____

Dimitri Mi teléfono es 725-2201.

2. Nina   _____

Dimitri El teléfono de José Luis es 917-2815.

3. Nina   _____

Dimitri El correo electrónico de Ed es ed3@hi.net.

4. Nina   _____

Dimitri Mi correo electrónico es dima@xpr.com.

7

VOCABULARIO 2

21 Write the following times in numerals. Indicate whether it is morning, afternoon, or evening with *A.M.* or *P.M.*

> **MODELO** Son las cuatro y media de la tarde. **4:30 P.M.**

1. Son las nueve y cuarto de la noche. _____

2. Es mediodía. _____

3. Son las diez y veinte de la noche. _____

4. Son las tres menos cuarto de la tarde. _____

5. Es la una de la tarde. _____

6. Son las nueve menos diez de la mañana. _____

7. Es medianoche. _____

8. Son las cinco y cinco de la tarde. _____

9. Son las seis y diez de la mañana. _____

10. Es la una y media de la tarde. _____

22 Write in Spanish what time it is for each of the clocks pictured.

> **MODELO** **Son las tres y veinticinco.**

MODELO   **1.**   **2.**   **3.**   **4.**   **5.**

1. _____

2. _____

3. _____

4. _____

5. _____

23 Write the day of the week that comes before each one given.

1. _____ domingo   5. _____ sábado

2. _____ martes   6. _____ miércoles

3. _____ jueves   7. _____ viernes

4. _____ lunes

8

VOCABULARIO 2

24 Write out the dates below in Spanish. Use complete sentences.

> **MODELO** 2/4 **Es el cuatro de febrero.**

1. 4/17 _____
2. 6/01 _____
3. 9/25 _____
4. 3/12 _____
5. 12/15 _____
6. 10/18 _____
7. 1/29 _____
8. 7/21 _____
9. 11/10 _____
10. 2/11 _____
11. 5/13 _____
12. 8/30 _____

25 Write the question that goes with each answer.

1. _____ Hoy es miércoles.
2. _____ Es el primero de septiembre.
3. _____ Son las dos y veinte.

26 Answer the following questions in complete sentences.

1. ¿Cómo te llamas?_____
2. ¿Cómo se escribe tu nombre (your name)?_____
3. ¿De dónde eres?_____
4. ¿Cuál es tu correo electrónico?_____
5. ¿Cuál es tu teléfono?_____
6. ¿Cuál es el correo electrónico de tu mejor amigo/amiga?_____
_____
7. ¿Cuál es el teléfono de tu mejor amigo/amiga?_____
_____

¡Empecemos!

The verb *ser*

• Changing a verb form to match its subject is called **conjugating**. This is the conjugation of **ser** *(to be)* in the present tense.

yo **soy**	*I am*	nosotros(as) **somos**	*we are*
tú **eres**	*you are*	vosotros(as) **sois**	*you are* (Spain)
usted **es**	*you are*	ustedes **son**	*you are*
él **es**	*he is*	ellos **son**	*they are*
ella **es**	*she is*	ellas **son**	*they are*

• The conjugated forms are used with nouns or their corresponding pronouns.

El señor González **es** de Chile. *or* Él **es** de Chile. *or* El profesor **es** de Chile.

• Remember that Spanish speakers sometimes leave out the subject pronoun.

Es de Chile.
He's from Chile.

• To make a sentence say the opposite, place **no** just before the verb.

No estoy bien. Estoy mal.

---

27 Juan is conducting today's meeting of the Spanish Club. Match the phrases in the left and right columns to complete his conversations.

_____ **1.** Hola. Yo _____.

_____ **2.** Hoy _____.

_____ **3.** Son las _____.

_____ **4.** Nosotros _____.

_____ **5.** Magdalena _____.

_____ **6.** Fánor y Elio _____.

_____ **7.** ¿De dónde _____?

_____ **8.** Y tú, Alfredo, ¿_____?

a. son de México
b. es la profesora Jalil
c. de dónde eres
d. soy Juan Quintero
e. es de Perú
f. es martes
g. somos estudiantes de español
h. cuatro y media

28 Alicia is sending her friend Omar a letter and some pictures. Write the correct form of the verb **ser** for each sentence below.

Ésta (1)_____ Mariana Gálvez. Ella (2)_____ mi mejor

amiga. Ella y su familia *(family)* (3)_____ de Guatemala. Mariana y yo

(4)_____ estudiantes del 10° grado *(tenth grade)*. El señor y la señora

Gálvez (5)_____ profesores de ciencias. Yo (6)_____ una

estudiante en la clase de la señora Gálvez.

---

29 Rewrite each sentence to say the opposite of what it says now. Be sure to place **no** in the appropriate place. Use the **modelo** to get started.

MODELO Yo soy de California. **Yo no soy de California.**

1. Mi teléfono es 212-3506. _____

2. Hoy es domingo. _____

3. Vosotros sois de Puerto Rico. _____

4. Usted es mi profesor. _____

5. Hoy es el primero de agosto. _____

30 Write complete sentences by matching phrases from each of the three columns. Use each phrase at least once. The first one has been done for you.

Usted	**soy**	**estudiante**
Yo	**eres**	**mis amigos**
Laura	**es**	**mi profesor**
Ustedes	**somos**	**mi mejor amiga**
Vosotros	**sois**	**estudiantes**
El señor Ortega	**son**	**de Bolivia**
Josué y Reynaldo		**compañeros de clase**
Tú		
Nosotras		

1. **Usted es de Bolivia.** _____

2. _____

3. _____

4. _____

5. _____

6. _____

7. _____

8. _____

9. _____

GRAMÁTICA 2

Punctuation marks

In Spanish, upside-down **question marks** (¿) and **exclamation marks** (¡) are placed at the beginning of questions and exclamations, in addition to the marks at the end of the sentences.

¡Hola! ¿Cómo te llamas?

---

31 Rewrite the following questions and exclamations using the correct punctuation for Spanish.

1. Cómo estás _____

2. Hasta pronto _____

3. Tengo que irme _____

4. Qué tal _____

5. Quién es el muchacho _____

6. Buenos días _____

Accents and tildes

• In Spanish, some words have written accent marks that look like a tilted line placed over a vowel: **á, é, í, ó, ú.**

¿Cómo te llamas?   Buenos días.

• The wavy line over the letter **ñ** is called a **tilde.** The pronunciation of **ñ** is similar to the *ny* in the English word *canyon.*

mañana   piñata

---

32 Write these words in Spanish. Remember to use accents and tildes as needed.

1. Miss	
2. twenty-three	
3. morning	
4. Wednesday	
5. good-bye	
6. telephone	
7. Saturday	
8. classmate	
9. Mrs.	

(12)

A conocernos

1 You and your friend Maila are looking at photos of your friends and making comments about them. Make a statement in Spanish to describe each person pictured.

MODELO

Sebastián es perezoso.

Sebastián

1. John

2. Verónica

3. Gabriel

4. Adriana

1. _____

2. _____

3. _____

4. _____

2 After each statement, write another one with an adjective that means the opposite to describe what the person is like.

MODELO Roberto no es alto. **Es bajo.**

1. Elena no es tonta. _____

2. Mauricio no es serio. _____

3. Patricia no es morena. _____

4. Adolfo no es perezoso. _____

5. Juan no es tímido. _____

6. Luis no es simpático. _____

(13)

VOCABULARIO 1

3 Choose the logical ending for each of the following unfinished statements.

_____ **1.** Simón es intelectual y ___.
  a. tonto   **b.** guapo

_____ **2.** Carmen es morena y ___.
  a. bonita   **b.** pelirroja

_____ **3.** Julio es gracioso y ___.
  a. aburrido   **b.** cómico

_____ **4.** Yo soy tímida y ___.
  a. romántica   **b.** extrovertida

4 Clarissa is writing a profile of Noemí for the newsletter that their Spanish class produces. Write Clarissa's question for each answer that Noemí gives.

Clarissa (1)¿_____?

 Noemí Me llamo Noemí.

Clarissa (2)¿_____?

 Noemí Tengo dieciséis años.

Clarissa (3)¿_____?

 Noemí ¿Mi cumpleaños? Es el doce de abril.

Clarissa (4)¿_____?

 Noemí Soy activa y atlética.

Clarissa (5)¿_____?

 Noemí Sí, soy bastante trabajadora.

5 Write a description for each of these famous men and women.

MODELO Nicole Kidman es **alta y bonita.**

1. Salma Hayek es _____.

2. Tom Cruise es _____.

3. Antonio Banderas es _____.

4. Will Smith es _____.

5. Shakira es _____.

VOCABULARIO 1

6 Tyler has 100 tickets to hand out for the class play. To keep better track of them, he put the tickets in piles of ten. How would he count them by tens? Write out the Spanish word for each number.

1. 10 _____
2. 20 _____
3. 30 _____
4. 40 _____
5. 50 _____

6. 60 _____
7. 70 _____
8. 80 _____
9. 90 _____
10. 100 _____

7 Lucas is responding to a girl in school who is asking about him and his friend Martín. Match the questions in the left column to Lucas's answers in the right column.

_____ 1. ¿Cómo eres?

_____ 2. ¿Cuántos años tienes?

_____ 3. ¿Cómo es Martín?

_____ 4. ¿Cuántos años tiene Martín?

_____ 5. ¿Cuándo es el cumpleaños de Martín?

a. Él tiene catorce años.
b. Soy bastante tímido.
c. Tengo dieciséis años.
d. Es el tres de diciembre.
e. Él es alto y rubio.

8 Answer these questions about yourself in complete sentences.

1. ¿Cuántos años tienes?

_____

2. ¿Cuándo es tu cumpleaños?

_____

3. ¿Cómo eres?

_____

4. ¿Cómo es tu mejor amigo / amiga?

_____

9 Complete the following sentences about Alberto using **cuántos, también, cuándo, un poco,** and **bastante.**

1. Alberto es _____ serio.

_____ es tímido.

2. ¿ _____ es el cumpleaños de Alberto?

¿ _____ años tiene él?

3. Alberto es _____ atlético.

15

A conocernos

Ser with adjectives

• You can describe a person using the verb **ser** followed by an **adjective.**
  An adjective is a word that describes what someone or something is like.

    Enrique **es** gracioso.   Nosotros **somos** inteligentes.
    Enrique is funny.   *We are intelligent.*

• The subject pronoun can be eliminated if it's clear who the subject is.

    ¿Cómo es Alma?   Es muy bonita.
    What's Alma like?   *She's very pretty.*

• To say what someone is *not* like, put the word **no** in front of the verb **ser.**

    Yo **no** soy tonto.   Mi amiga **no** es perezosa.
    *I am **not** foolish.*   *My friend is **not** lazy.*

---

10 One of your classmates is talking about some people from school. Complete the
sentences below by filling in the blanks with the correct form of **ser.**

Yo (**1**)_____ atlética. Tú (**2**)_____ intelectual. Paco y Rolf

(**3**)_____ activos. ¿Cómo es Sandro? (**4**)_____ perezoso.

Nosotras (**5**)_____ extrovertidas y ustedes (**6**)_____ tímidos.

Mi mejor amigo se llama Chuy. (**7**)_____ muy serio. Tú y él

(**8**)_____ muy inteligentes.

11 You told your friend Armando what you think about some students in your class.
Now, you've changed your mind. To disagree with your first opinion, write complete
sentences using **no** and the correct forms of **ser.**

MODELO Olga / bonita **Olga no es bonita.**

1. Ian y Gerardo / atléticos

   _____

2. Nosotros / tontos

   _____

3. Robin / romántica

   _____

4. Tú / extrovertido

   _____

GRAMÁTICA 1

> **Gender and adjective agreement**
> - Nouns and pronouns that refer to men and boys are **masculine.**
>   **amigo   él   Alejandro**
> - Nouns and pronouns that refer to women and girls are **feminine.**
>   **amiga   ella   Adriana**
> - **Adjectives** describe nouns. They have different forms that match the gender of a noun or pronoun.
>   *Masculine:* **Alejandro** es alt**o**.   *Feminine:* **Adriana** es alt**a**.
> - Adjectives that end in **-e** and most adjectives that end in a **consonant** have the same masculine and feminine forms.
>   **Él** es intelectual/inteligent**e**.   **Ella** es intelectual/inteligent**e**.
> - Exceptions: Adjectives that end in **-or** and adjectives of nationality that end in a consonant form the feminine by adding an **-a**.
>   **Él** es trabajad**or**.   **Ella** es trabajad**ora**.
>
> **Number and adjective agreement**
> - **Singular** adjectives describe one person. **Plural** adjectives describe more than one.
> - If the singular form ends in a **vowel,** add **-s** to make it plural: alto**s**.
> - If the singular form ends in a **consonant,** add **-es** to make it plural: intelectual**es**.
> - Describe **mixed groups** with masculine plural forms: **Pablo y Sarita** son cómic**os**.

12 Your two friends Rocco and Ana are alike in almost every way. After each sentence about Rocco, complete the sentence to describe Ana.

MODELO Rocco es alto. Ana es **alta.**

1. Rocco es intelectual. Ana es _____.

2. Rocco es serio. Ana es _____.

3. Rocco es trabajador. Ana es _____.

13 Mariana put together a list of students to participate in a school play. Use the correct form of the adjectives to say why she recommends them.

MODELO Mario y Omar (serio) **Mario y Omar son serios.**

1. Eva y Clara (activo) _____

2. Luis y Richard (extrovertido) _____

3. Perla y Sandra (inteligente) _____

4. Steve y Rosita (trabajador) _____

(17)

GRAMÁTICA 1

14 Choose all the adjectives from the box that could complete each sentence.

graciosas	aburrida	guapo	tímidas
extrovertido	tontos	inteligentes	pelirroja

MODELO Nosotras somos **graciosas / tímidas / inteligentes.**

1. Ellos son _____

2. Graciela es _____

3. Vosotros sois _____

4. Ellas son _____

5. Sancho es _____

Question formation

• To ask questions that may have yes or no answers, raise the pitch of your voice at the end of the sentence. The subject can go before or after the verb.

   ¿Tu amigo es gracioso?↗   ¿Es gracioso tu amigo?↗
   Is your friend funny?   *Is your friend funny?*

• You can answer **sí** or **no.** The word **no** is used twice because it means *no* and *not.*

   Sí, mi amigo es gracioso.   **No, no** es gracioso.
   Yes, *my friend is funny.*   ***No,*** *he is **not** funny.*

• To ask for more information, use the following **question words.** Note that all question words are written with an accent.

   ¿Qué? *What?*   **¿Cómo?** *How?*   **¿Cuál?** *Which/What?*
   ¿Quién/Quiénes? *Who?*   **¿Cuándo?** *When?*   **¿De dónde?** *From where?*

---

15 Ester, a new student, wants to get to know everyone, so she asks you about your friends and teachers. Complete each of her questions with the correct question word. Use the answers as a guide.

1. ¿_____ es tu mejor amigo? —Es Horacio.

2. ¿_____ es él? —Es de México.

3. ¿_____ es el cumpleaños de Horacio? —Es el siete de enero.

4. ¿_____ se llama tu profesora de ciencias? —Es la señora Herrera.

5. ¿_____ es tu profesor de español, el señor Mena o *(or)* el señor Rangel? —Es el señor Rangel.

6. ¿_____ años tiene él? —Tiene treinta años.

  18

A conocernos

16 Look at the three categories below. Then write each expression from the box under the correct category.

de aventuras	el helado	la pizza	pop
rock	de terror	de Mozart	de ciencia ficción
las frutas	jazz	de misterio	las verduras

La comida　　　　　　**La música**　　　　　　**Las películas y los libros**

_____　　_____　　_____

_____　　_____　　_____

_____　　_____　　_____

17 Based on what these people say about themselves, say what things they would or would not like.

MODELO Yo soy muy activo. (el ajedrez) **No me gusta el ajedrez.**

1. Yo soy romántica. (películas de terror) _____

2. Soy bastante intelectual. (los libros) _____

3. Yo soy atlético. (los deportes) _____

4. Soy muy tímida. (las fiestas) _____

18 You have asked your friends some questions about their likes and dislikes. The pictures below show their reactions. Write an answer to go with each picture.

MODELO ¿Te gustan los deportes?
　　　Sí, me gustan mucho.

1. ¿Te gustan las películas de amor?

_____

2. ¿Te gusta la música salsa?

_____

3. ¿Te gusta más la comida italiana o la comida china?

_____

　　19

VOCABULARIO 2

19 For each set of words, write a sentence about which thing you like more.

MODELO carros / animales **Me gustan más los animales.**

    1. fiestas / películas _____

    2. frutas / verduras _____

    3. animales / carros _____

    4. videojuegos / deportes _____

20 You're asking a new acquaintance what he likes. Use the pictures below as prompts to ask him questions. The first one has been done for you.

    1.   **2.**   **3.**

    4.   **5.**

    1. ¿Te gustan **los libros** _____ ?

    2. ¿Te gusta _____ ?

    3. ¿Te gusta _____ ?

    4. ¿Te gustan _____ ?

    5. ¿Te gustan _____ ?

21 Write the questions for these answers based on your own likes and dislikes. Use **¿Cómo es/son...?**

    1. Son pésimas.

    _____

    2. Es fenomenal.

    _____

    3. Son interesàntes.

    _____

VOCABULARIO 2

22 Elena and Rafael disagree about everything. For each one of Elena's statements below, write Rafael's response.

MODELO Los deportes son aburridos. **¡No, los deportes son divertidos!**

1. Las hamburguesas son formidables. _____

_____

2. El helado es horrible. _____

3. La comida china es mala. _____

4. Los carros son bastante interesantes. _____

_____

5. Las fiestas son algo divertidas. _____

_____

23 Your friends have different opinions of the food in the school cafeteria. Use the words in the box to state their opinions in order, from those who find it the worst to those who find it the best. The first one has been done for you.

bastante mala	deliciosa	muy buena	horrible	algo buena

1. **Es horrible.** _____

2. _____

3. _____

4. _____

5. _____

24 Megumi, an exchange student, wrote the following letter home. Read her letter. Then write **sí** or **no** to say whether she would agree with the statements below.

¡Hola! Estoy muy bien. Me gustan los Estados Unidos. La pizza aquí *(here)* es deliciosa y las verduras son buenas, ¡pero *(but)* las hamburguesas son horribles! Los deportes aquí son algo divertidos y mis amigos son atléticos, pero me gustan más las fiestas. Los videojuegos me dan igual. La música pop es formidable y la música rock es pésima. ¡Los muchachos son fenomenales!

_____ 1. Las hamburguesas son deliciosas.

_____ 2. Los videojuegos son pésimos.

_____ 3. La música pop es muy buena.

_____ 4. Los muchachos son algo tontos.

A conocernos

GRAMÁTICA 2

Nouns and definite articles

- All nouns in Spanish are masculine or feminine. Nouns can also be **singular** (one thing or person) or **plural** (more than one thing or person). If a noun ends in a **vowel,** add -s to make it plural. If it ends in a **consonant,** add **-es.**

  amig**o** + **s** = amig**os**   animal + **es** = animal**es**

- The **definite article** *the* has four different forms to agree with nouns in gender and number.

	Masculine		*Feminine*	
Singular	**el** libro	*the book*	**la** pizza	*the pizza*
Plural	**los** libros	*the books*	**las** pizzas	*the pizzas*

- To say you like something, use the verb **gustar** + a definite article before the noun. To talk about a noun as a general category, use a definite article + the noun.

  Me gustan **las** verduras.   **El** helado es delicioso.
  I like vegetables.   *Ice cream is delicious.*

---

25 Write the plural form of the following nouns. The first one has been done for you.

compañero	señor	película	helado	animal	nombre
compañeros					

26 Complete the conversation using the correct definite articles.

—¿Te gustan **(1)**_____ libros?

—Sí, pero *(but)* me gustan más **(2)**_____ péliculas.

—¿Te gusta **(3)**_____ música clásica?

—Sí, es bastante buena.

—¿Te gustan **(4)**_____ videojuegos?

—No. Me gusta más **(5)**_____ ajedrez.

27 Complete the following statements to say some things you like and don't like.

MODELO Me gusta **la pasta.**

1. Me gusta _____.

2. Me gustan _____.

3. No me gusta _____.

4. No me gustan _____.

GRAMÁTICA 2

The verb *gustar*

- To say you like a thing that's singular, use **gusta.** To say you like more than one thing, use **gustan.**

    ¿Te **gusta** el helado?   Me **gustan** los deportes.
    Do you like ice cream?   *I like sports.*

- Before **gusta/gustan,** use these pronouns.

    me gusta(n)   *I like*   **nos** gusta(n)   *we like*
    te gusta(n)   *you like*   **os** gusta(n)   *you like* (in Spain)
    le gusta(n)   *he/she likes, you like*   **les** gusta(n)   *they like, you like*

- The pronouns **le** and **les** have more than one meaning. **Le** can mean *he, she, it,* or *you* (**usted**). **Les** can mean *you* (**ustedes**) or *they.*

- Use **a quién** or **a quiénes** to ask who is being talked about.

    ¿**A quién** le gusta la pizza?   ¿**A quiénes** les gusta la pizza?
    Who likes pizza?   *Who likes pizza?*

- To say *who* likes something, use the word **a** before the name.

    A Lisa y a Teo les gusta la pizza.   *Lisa and Teo like pizza.*

- To say what people do *not* like, put the word **no** before the pronoun.

    No me gusta la fruta.   *I **don't** like fruit.*

---

28 For each of the following sentences, write the correct form of **gustar.**

  1. A Simón y a Regina les _____ el ajedrez.

  2. A Norman le _____ los videojuegos.

  3. A Ginny le _____ el libro de terror.

29 A Spanish exchange student is trying to figure out what his friends like to eat. Provide the correct pronoun forms to complete his sentences below.

(1)_____ gusta la comida china. A Patricia y a Juan (2)_____ gusta la comida mexicana. ¿A vosotros (3)_____ gusta la comida italiana? A Berta (4)_____ gusta el helado pero a nosotros (5)_____ gusta la pasta. ¿Y tú, Kara? ¿Qué (6)_____ gusta más *(the most)*?

30 For each of the following sentences, indicate what subject pronoun (**ustedes, ella, usted,** or **ellos**) **le** or **les** stands for.

  1. A Verónica **le** gusta la música. _____

  2. A Claus y a Jorge **les** gustan los deportes. _____

  3. A Jamal y a usted **les** gustan los videojuegos. _____

  4. Profesor, ¿**le** gustan las películas de terror? _____

(23)

GRAMÁTICA 2

31 Use the cues below to write sentences with the verb **gustar.**

MODELO comida italiana / Vilma **A Vilma le gusta la comida italiana.**

1. quién / los animales

_____

2. Roberto / los libros de misterio /no

_____

3. quiénes / la música

_____

¿Por qué? and porque

To ask why, use **¿por qué?** (why?). To respond, use **porque** (because).

¿Por qué te gusta la pizza?   Me gusta **porque** es deliciosa.
Why do you like pizza?   *I like it **because** it's delicious.*

---

32 Diana and Julio are discussing different types of movies. Complete their conversation using **¿por qué?** and **porque.**

Julio   No me gustan las películas de ciencia ficción.

Diana   ¿(1)_____ no te gustan?

Julio   (2)_____ son tontas y aburridas.

¿Y tú? ¿(3)_____ te gustan?

Diana   Me gustan (4)_____ son interesantes.

Uses of the preposition *de*

- To show possession: el carro **de** César   *César's car*
- To show relationship: el profesor **de** Laura   *Laura's teacher*
- To indicate the type of thing: los libros **de** aventuras   *adventure books*
- To say where someone is from: Mari es **de** Chile.   *Mari is from Chile.*
- The preposition **de** followed by the article **el** makes the contraction **del.**
  el libro **del** estudiante   *the student's book*

---

33 For each sentence below, say whether the preposition **de** indicates possession, type of thing, or where someone is from.

1. el muchacho de Bolivia _____

2. la película de amor _____

3. el carro del señor _____

(24)

¿Qué te gusta hacer?

1 Gabriel is active and loves the outdoors. Arturo is quiet and likes to be indoors. List six things that each of them might like to do. The first one has been done for you.

Gabriel	Arturo
jugar al volibol	**alquilar videos**

2 Indicate what the following people want to do based on what they say about themselves.

_____ **1.** Yo soy muy activo. Quiero ____.
   a. jugar a juegos de mesa   **b.** jugar al básquetbol

_____ **2.** A mí me gustan mucho las películas. Yo quiero ____.
   a. alquilar videos   **b.** hacer ejercicio

_____ **3.** Yo soy bastante extrovertida. Quiero ____.
   a. cantar   **b.** leer revistas y novelas

_____ **4.** Me gustan las hamburguesas, la pizza y los helados. Yo quiero ____.
   a. correr   **b.** comer

_____ **5.** Me gusta ir de compras. Quiero ____.
   a. ir al centro comercial   **b.** ir al cine

3 Complete Ramón's description of things he likes and doesn't like to do.

Me gusta mucho **(1)**_____ al béisbol con mis amigos,

pero no me gusta **(2)**_____ en bicicleta. Me gusta

(3)_____ al centro comercial o **(4)**_____

videos con amigos. No me gusta **(5)**_____ el rato solo porque

es muy aburrido. Pero me gusta **(6)**_____ en la piscina

(swimming pool).

VOCABULARIO 1

4 Look at the pictures below and say whether you like to do the activities and with whom.

MODELO

MODELO **Me gusta comer con mis amigos.**

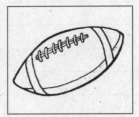  

1   2   3   4

1. _____

2. _____

3. _____

4. _____

5 Complete the second sentence to say with whom these people want to do each thing.

MODELO A mis amigos les gusta salir. Hoy quiero pasear **con mis amigos.**

1. No me gusta comer solo. Quiero comer _____ .

2. A ti y a mí nos gustan las películas. ¿Quieres ir al cine _____ ?

3. Tienes siempre buenas notas *(good grades)*, Cristina. Quiero hacer la tarea

   _____ .

6 Sebastián wants to go out this afternoon, but Teresa is tired and wants to do something relaxing around the house. Use the words in the box for her answers to Sebastián's suggestions.

Está bien.	A mí me gusta…	No quiero ir.	Ni idea.

1. ¿Quieres ir al cine conmigo? _____

2. ¿Qué quieres hacer hoy? _____

3. ¿Qué te gusta hacer? _____

4. ¿Quieres alquilar videos? _____

26

VOCABULARIO 1

7 Answer these questions in Spanish according to your own interests.

1. ¿Qué te gusta hacer?

_____

2. ¿Te gusta ir de compras?

_____

3. ¿Con quién te gusta hacer la tarea?

_____

4. ¿A tus amigos les gusta ir al centro comercial?

_____

5. ¿A tu amigo(a) le gusta salir contigo?

_____

8 John and Kim are trying to decide what to do today. Write out the questions that are missing from their conversation.

Kim ¿(1)_____?

John Ni idea.

Kim ¿(2)_____?

John No, no quiero jugar al volibol.

Kim ¿(3)_____?

John No, no quiero montar en bicicleta contigo.

Kim ¿(4)_____?

John No, no me gusta patinar.

Kim ¿(5)_____?

John Está bien. ¡Me gusta alquilar videos!

9 Plan to do something fun on each of the following days of this week.

MODELO El lunes **quiero ir de compras con mi amiga.**

1. El martes _____.

2. El miércoles _____.

3. El jueves _____.

4. El viernes _____.

5. El sábado _____.

6. El domingo _____.

(27)

¿Qué te gusta hacer?

The present tense of *gustar* with infinitives

- The infinitive form of a verb tells what's happening. But unlike a conjugated verb, it doesn't tell you who performs the action or when the action takes place.

- In Spanish, infinitives may have one of three endings:

  -ar   **-er**   **-ir**
  nad**ar** *(to swim)*   corr**er** *(to run)*   escrib**ir** *(to write)*

- Like nouns, infinitives are used after **gustar** to say what people like to do.
  Me **gusta** patinar.   *I like to skate.*

- Whenever you use **gustar** with an infinitive, the correct form is **gusta** (not **gustan**).
  Me **gustan** los videos.   Me **gusta alquilar** videos.
  I like videos.   *I like to rent videos.*

---

10 Tomás is talking about what he and some of his friends like to do. Use the correct pronoun and form of **gustar** to complete the sentences.

  1. A Elena _____ pasar el rato con amigos.

  2. A mí _____ leer novelas.

  3. A Rosa y Beto _____ ir al cine.

  4. A José y a mí _____ navegar por Internet.

  5. ¿A quién _____ hacer la tarea?

11 Say whether or not you like each of the following things.

  MODELO (nadar) **No me gusta nadar.**

  1. (las películas) _____

  2. (ir al centro comercial) _____

  3. (jugar al tenis) _____

  4. (los juegos de mesa) _____

  5. (correr con mis amigos) _____

12 You and Ray like different things. Complete the paragraph about your likes and dislikes with the correct form of **gustar**.

  A Ray le (1)_____ comer tacos, pero a mí no me (2)_____

  los tacos. A Ray le (3)_____ leer revistas, pero a mí no me

  (4)_____ las revistas.

Holt Spanish 1A

Cuaderno de vocabulario y gramática

GRAMÁTICA 1

Pronouns after prepositions

- Pronouns can have different forms even if they refer to the same person.

  Yo soy Andrea. **Me** gusta el helado.

- After prepositions like **a** *(to)*, **con** *(with)*, **de** *(of, from, about)*, and **en** *(in, on, at)*, the pronouns **yo** and **tú** change to **mí** and **ti**. All other subject pronouns stay the same.

Subject	*After a preposition*	*With* **gustar**
yo	a **mí**	**me** gusta
tú	a **ti**	**te** gusta
él/ella	a **él/ella**	**le** gusta
usted	a **usted**	**le** gusta
nosotros(as)	a **nosotros(as)**	**nos** gusta
vosotros(as)	a **vosotros(as)**	**os** gusta
ellos/ellas	a **ellos/ellas**	**les** gusta
ustedes	a **ustedes**	**les** gusta

- **Con** + the pronouns **mí** and **ti** make **conmigo** *(with me)* and **contigo** *(with you)*.

- To emphasize or clarify who likes something, add **a** + pronoun to a sentence with **gustar**.

  A mí me gusta patinar.   *I like to skate.*

---

13 Match the descriptions of the people in the left column with what they like to do in the right column.

_____ 1. Nosotros somos perezosos.

_____ 2. Alma come pasta todos los días.

_____ 3. Juan y Gil son atléticos.

_____ 4. Tú eres musical.

_____ 5. Yo veo muchas películas.

---

a. Le gusta la comida italiana.
b. Me gusta el cine.
c. Nos gusta leer revistas.
d. Te gusta cantar.
e. Les gusta hacer ejercicio.

---

14 You and your classmates are busy with your friends. Use the cues below to say what each one likes to do and with whom.

MODELO él / correr / ellos **A él le gusta correr con ellos.**

1. yo / ver televisión / tú

_____

2. ella / alquilar videos / ustedes

_____

3. tú / ir al cine / yo

_____

(**29**)

GRAMÁTICA 1

15 Use the preposition **a** + a pronoun to emphasize or clarify who is being referred to in the following sentences.

MODELO Le gusta nadar. (usted) **A usted le gusta nadar.**

1. Nos gusta ir al cine. _____

2. Les gusta jugar al ajedrez. (ellas) _____

3. Me gusta navegar por Internet. _____

4. Te gusta alquilar videos. _____

5. Le gusta cantar. (él) _____

The present tense of *querer* with infinitives

- The verb **querer** means *to want*. These are the forms of the verb **querer.**

yo qu**ie**ro	nosotros(as) queremos
tú qu**ie**res	vosotros(as) queréis
usted/él/ella qu**ie**re	ustedes/ellos/ellas qu**ie**ren

- Use a **noun** after **querer** to say what you want. Use an **infinitive** after **querer** to say what you want to do.

Quiero **un libro.**	Queremos **leer.**
I want a book.	*We want to read.*

---

16 You and your friends can't agree on what you want to do today. Complete your note to your friend Brad with the correct forms of **querer.**

Hoy es viernes y nosotros (**1**)_____ salir. Elena (**2**)_____ ir al cine. Pat y Erik (**3**)_____ ir al centro comercial. Tú no (**4**)_____ ir al cine y yo no (**5**)_____ ir al centro comercial. ¿Tú (**6**)_____ escuchar música conmigo?

17 Look at the pictures. Then use **querer** + an infinitive to say what you want to do with each item. The first one has been done for you.

1. **Quiero leer un libro.** _____

2. _____

3. _____

4. _____

1   2

3   4

CAPÍTULO

3

¿Qué te gusta hacer?

VOCABULARIO 2

18 Make two columns: things people generally do every day during the week
(**todos los días**), and things they do on weekends (**los fines de semana**).

| ir a la playa | hablar por teléfono | estudiar | ir al colegio |
| ir a la iglesia | bailar | ir al trabajo | ir al parque |

Todos los días   **Los fines de semana**

_____   _____

_____   _____

_____   _____

_____   _____

19 Read the following sentences. If the statement is true for you, write **cierto**.
If not, write **falso.**

_____ **1.** Nunca voy al parque cuando hace mal tiempo.

_____ **2.** Voy a la reunión del club de español todos los días.

_____ **3.** Me gusta ir a la casa de mi mejor amigo.

_____ **4.** Cuando hace buen tiempo me gusta descansar.

_____ **5.** Los domingos voy al colegio.

_____ **6.** Cuando hace mal tiempo, voy a la playa.

_____ **7.** Me gusta hablar por teléfono con mis amigos.

20 Below is Karen's after-school and weekend calendar. Based on the calendar,
how would she describe each day's activities?

domingo	lunes	martes	miércoles	jueves	viernes	sábado
iglesia familia	trabajo sola	gimnasio Trish	entrenamiento Sandra		ensayo amigos	casa de Rita

MODELO Los domingos voy a la iglesia con mi familia.

1. _____

2. _____

3. _____

4. _____

5. _____

6. _____

Holt Spanish 1A   Cuaderno de vocabulario y gramática

21 Match each expression in the left column to one in the right column. How often would you say you go to the movies if you go…

_____ 1. three times a week? e

_____ 2. every week? c

_____ 3. once every two months? d

_____ 4. once a year? a

_____ 5. never? b

a. casi nunca
b. nunca
c. casi siempre
d. a veces
e. siempre

22 You and your friends are discussing the things you do. Choose the best sentence to complete each thought.

_____ 1. Los fines de semana yo juego al tenis y al volibol.
    a. Siempre me gusta descansar.
    b. Me gusta practicar deportes.

_____ 2. A mí me gusta salir.
    a. Después de clases, casi siempre voy al centro comercial.
    b. Después de clases, siempre quiero estudiar.

_____ 3. Cuando hace mal tiempo, a Luis no le gusta salir.
    a. Le gusta ir al parque con amigos.
    b. No va a ninguna parte.

_____ 4. A Aurora no le gusta salir.
    a. Ella quiere tocar el piano.
    b. Ella quiere ir a la playa.

_____ 5. Yo soy perezoso.
    a. Nunca quiero trabajar.
    b. Siempre me gusta trabajar.

23 Say how often you go to the following. Use complete sentences.

MODELO a la piscina **Casi siempre voy a la piscina.**

1. a la reunión _____

2. al baile _____

3. al entrenamiento _____

4. al colegio _____

5. a la casa de un amigo / una amiga _____

_____

VOCABULARIO 2

24 Write a logical question for each of the answers below.

> **MODELO** ¿Con qué frecuencia vas al ensayo?
> Casi siempre voy al ensayo.

1. _____
   Sí. Casi siempre salgo con amigos.

2. _____
   Los fines de semana me gusta nadar.

3. _____
   Casi siempre. Me gusta ir al parque.

4. _____
   Cuando hace mal tiempo me gusta escuchar música.

5. _____
   Los fines de semana voy a la playa.

25 Answer these questions about what you usually do. Then, explain why you spend your time this way.

> **MODELO** ¿Adónde vas los lunes?
> **Los lunes voy al gimnasio. Me gusta hacer ejercicio.**

1. ¿Qué haces los fines de semana?

   _____

   _____

2. ¿Adónde vas los domingos?

   _____

   _____

3. ¿Adónde vas los miércoles?

   _____

   _____

4. ¿Qué haces cuando hace mal tiempo?

   _____

   _____

5. ¿Adónde vas cuando hace buen tiempo?

   _____

   _____

¿Qué te gusta hacer?

The present tense of regular -ar verbs

• All verbs have a **stem** (which gives the meaning) and an **ending.** The infinitive doesn't tell you who or what the subject is. To indicate the subject, you must **conjugate** the verb.

• To conjugate a regular **-ar** verb such as **nadar, hablar,** or **cantar,** drop the **-ar** ending and replace it with one of the following endings.

yo nad**o**	*I swim*	nosotros(as) nad**amos**	*we swim*
tú nad**as**	*you swim*	vosotros(as) nad**áis**	*you swim* (Spain)
usted nad**a**	*you swim*	ustedes nad**an**	*you swim*
él/ella nad**a**	*he/she swims*	ellos/ellas nad**an**	*they swim*

Nosotros nad**amos** los sábados.   *We swim on Saturdays.*

• Subject pronouns can be left out when the verb ending tells who the subject is.

Yo habl**o** por teléfono.   Habl**o** por teléfono.

• Use the subject pronoun for emphasis or to make it clear who the subject is.

¿Corren **ustedes? Yo** nunca corro. ¡No me gusta!
*Do **you** jog? I never jog. I don't like to!*

---

26 You and your friends all like to do different things. Complete the descriptions of your various activities with the correct conjugation of the verbs in parentheses.

1. Ned y Diana _____ (nadar) cuando hace buen tiempo.

2. Charles _____ (trabajar) todos los días.

3. Yo _____ (tocar) el piano.

4. Clint y yo _____ (patinar) los domingos.

5. Ustedes casi siempre _____ (hablar) por teléfono.

27 Rewrite these sentences with the subject pronouns to make it very clear who does the action.

MODELO Trabajo los jueves y los viernes. **Yo trabajo los jueves y los viernes.**

1. Hablas conmigo después de clases.

_____

2. Cantas y toco el piano.

_____

3. No trabajan los domingos. (tú y Julián)

_____

34

GRAMÁTICA 2

The present tense of *jugar* and *ir*

- Verbs that do not have the regular endings and verbs that change their stem when conjugated are called **irregular** verbs.

- Here are the conjugations of the verb **ir** *(to go)*, which has irregular endings, and of the verb **jugar** *(to play a game or sport)*, which has a stem change (**u → ue**).

yo	**voy**	*I go*	**jue**go	*I play*
tú	**vas**	*you go*	**jue**gas	*you play*
usted	**va**	*you go*	**jue**ga	*you play*
él/ella	**va**	*he/she goes*	**jue**ga	*he/she plays*
nosotros(as)	**vamos**	*we go*	jugamos	*we play*
vosotros(as)	**vais**	*you go* (Spain)	jugáis	*you play* (Spain)
ustedes	**van**	*you go*	**jue**gan	*you play*
ellos/ellas	**van**	*they go*	**jue**gan	*they play*

- The verb **ir** + the preposition **a** means *go to*. When **a** is followed by **el**, it forms the contraction **al** (**a + el = al**).

  Voy a la piscina los domingos.   ¿Quieres **ir al** cine?
  I go to the pool on Sundays.   *Do you want to go to the movies?*

- **¿Adónde?** is used to ask *where to*.

  ¿Adónde vas?   *Where are you going?*

---

28 Complete each sentence with the correct form of **jugar** and the name of a sport or game.

MODELO Ada **juega al béisbol.**

1. Ken y yo _____

2. Vosotras _____

3. Alan y Eva _____

4. Yo _____

5. Tú _____

6. Usted _____

7. Irma _____

8. Ustedes _____

9. Ellas _____

10. Él _____

35

GRAMÁTICA 2

29 Choose the correct form of **ir** to say where these people go on Saturdays.

1. ¿Adónde (vas / van) Edwin y tú los sábados? _____

2. Edwin siempre (vamos / va) al gimnasio. _____

3. Yo (vamos / voy) con mi familia al parque. _____

4. Tina y yo casi siempre (vamos / vais) al cine. _____

5. Ben y Cristina también (van / va) al cine. _____

6. Tú no (voy / vas) a ninguna parte. _____

30 Diana is answering a letter from a pen pal who wants to know about her after-school activities. Fill in the missing parts of Diana's letter with **al, a los, a la,** or **a las.**

Hola, Andrea. ¿Qué me gusta hacer después de la escuela? Me gusta hacer muchas

cosas. Los lunes y los miércoles voy (**1**)_____ gimnasio. Los jueves,

mi amiga Paula y yo vamos (**2**)_____ clase de baile. A veces vamos

(**3**)_____ entrenamientos de básquetbol por la noche, pero no siempre.

Los viernes, mis amigos van (**4**)_____ reunión del club de español. A mí

no me gusta ir (**5**)_____ reuniones del club porque son algo aburridas.

Tu amiga, Diana

Weather expressions

• **Hace** (a form of the verb **hacer**) is used for many weather expressions.

¿Qué tiempo hace?	*How is the weather?*	**Hace frío.**	*It's cold.*
Hace buen tiempo.	*The weather is good.*	**Hace calor.**	*It's hot.*
Hace mal tiempo.	*The weather is bad.*	**Hace fresco.**	*It's cool.*
Hace sol.	*It's sunny.*	**Hace viento.**	*It's windy.*

• **Llover** means *to rain* and **nevar** means *to snow.* Use the following verb forms:

Llueve.	*It's raining.*	**Nieva.**	*It's snowing.*

---

31 Write a description of the weather that complements each one of the descriptions below.

MODELO Hace buen tiempo. **Hace sol.**

1. Hace viento. _____

2. Hace mal tiempo. _____

3. Hace calor. _____

4. Hace frío. _____

(36)

La vida escolar

1 Match each item on the left with the one that is most similar to it in the box on the right. Use each letter only once.

_____ 1. las ciencias

_____ 2. el alemán

_____ 3. los zapatos

_____ 4. el bolígrafo

_____ 5. el cuaderno

> **a.** la ropa
> **b.** el papel
> **c.** el francés
> **d.** la química
> **e.** el lápiz

2 Read the following statements. Then choose a favorite class for each student based on his or her preferences and write your answer on the line provided.

_____ 1. A Marcia le gustan los animales.
   a. las matemáticas   **b.** la biología   **c.** el taller

_____ 2. A Nataniel le gusta dibujar.
   a. las ciencias   **b.** el arte   **c.** el inglés

_____ 3. Jazmín quiere ir a París.
   a. el alemán   **b.** el español   **c.** el francés

_____ 4. René quiere trabajar con computadoras.
   a. la computación   **b.** el arte   **c.** el español

_____ 5. Jacinto es muy atlético.
   a. el taller   **b.** el alemán   **c.** la educación física

3 Hans is helping Gina put together a list of supplies she'll need for school this semester. Complete their conversation with words from the box. Use each word only once.

no tengo	tienes	algo	nada	un montón	muchas cosas

Hans ¿Necesitas muchos útiles escolares?

Gina Sí, necesito (1)_____.

Hans ¿Necesitas (2)_____ para historia?

Gina Sí, necesito una carpeta y (3)_____ de lápices.

Hans ¿(4)_____ carpetas para la clase de francés?

Gina No, (5)_____.

Hans ¿Y para ciencias? ¿Qué necesitas?

Gina No necesito (6)_____.

4 It's the first day of school, and Ángela is still confused about her classes. Look at her schedule, then write **sí** or **no** for each of her statements below.

Horario
8:00 inglés
9:00 matemáticas
10:00 biología
11:00 educación física
12:00 almuerzo
1:00 computación
2:00 arte

_____ **1.** Por la mañana tengo cuatro materias.

_____ **2.** Primero tengo matemáticas y después tengo inglés.

_____ **3.** Esta tarde tengo biología.

_____ **4.** Después del almuerzo tengo educación física.

_____ **5.** Por la tarde tengo arte.

5 What are Pietro and Karina talking about? Unscramble their sentences and write them on the lines provided. Remember to provide the correct punctuation.

MODELO después / historia / almuerzo / del / tengo
       Después del almuerzo tengo historia.

1. Karina: clases / esta / tienes / qué / tarde

_____

2. Pietro: historia / primero / arte / tengo / después / tengo / y

_____

3. Karina: preferida / es / tu materia / cuál

_____

4. Pietro: porque / es / mi materia / fácil / preferida / español / es

_____

5. Pietro: de inglés / la clase / no / porque / difícil / es / me gusta

_____

VOCABULARIO 1

6 Clara's mom is asking her about her school supplies. Write an appropriate question for each answer Clara gives, using the cues below.

MODELO Sí, necesito una mochila. (una mochila) **¿Necesitas una mochila?**

1. _____

   Sí, necesito muchas cosas para el colegio. (algo)

2. _____

   Sí, tengo un montón. (lápices)

3. _____

   No, no tengo. (una regla)

4. _____

   Sí, tengo dos. (bolígrafos)

5. _____

   No, no necesito. (un reloj)

7 Alejandro needs to organize his school supplies for each class. Write what he says to himself about each item below, naming the thing pictured and what class he has it for.

MODELO **Tengo un lápiz para la clase de arte.**

Modelo

1.   2.   3.   4.

1. _____

2. _____

3. _____

4. _____

39

La vida escolar

Indefinite articles

- The indefinite articles **un** and **una** mean *a* or *an;* the indefinite articles **unos** and **unas** mean *some.*
- The indefinite articles match the noun they accompany in gender and number.

	Masculine	Feminine
Singular	**un** reloj *(a watch)*	**una** regla *(a ruler)*
Plural	**unos** relojes *(some watches)*	**unas** reglas *(some rulers)*

- The indefinite article can sometimes be left out before a plural noun.
      ¿Necesitas cuadernos?
      Do you need notebooks?

---

8 Write the correct form of the indefinite article for each of the following nouns.

1. _____ cuadernos   4. _____ mochilas

2. _____ calculadora   5. _____ reloj

3. _____ bolígrafo   6. _____ lápices

¿Cuánto?, mucho, and poco

- To talk about quantities, use the following words. Note that they agree in gender and number with the nouns they accompany.

Singular	¿cuánt**o(a)**?	mucho**(a)**	poco**(a)**
	how much?	*a lot*	*little, not much*
Plural	¿cuánt**os(as)**?	much**os(as)**	poc**os(as)**
	how many?	*a lot, many*	*few, not many*

    ¿Cuánto papel tienes?   ¿Cuántas carpetas tienes?
    How much paper do you have?   *How many folders do you have?*

---

9 Choose the correct word to complete each sentence about supplies needed for school.

_____ 1. ¿___ cuadernos necesitas?
    a. Cuánto   **b.** Cuánta   **c.** Cuántos

_____ 2. ¿___ ropa necesitas para el colegio?
    a. Cuánta   **b.** Cuántas   **c.** Cuántos

_____ 3. Necesito ___ papel para la clase de ciencias.
    a. pocas   **b.** poco   **c.** pocos

_____ 4. Necesito ___ lápices para la clase de arte.
    a. mucho   **b.** mucha   **c.** muchos

GRAMÁTICA 1

Tener and *tener* expressions

- **Tener** means *to have*. Here is how to conjugate **tener** in the present tense.

yo	**tengo**	nosotros(as)	**tenemos**
tú	**tienes**	vosotros(as)	**tenéis**
usted, él, ella	**tiene**	ustedes, ellos, ellas	**tienen**

- **Tener** is used in some common expressions.

  tener que + infinitive *to have to (do something)*
  tener ganas de + infinitive *to feel like (doing something)*
  tener prisa *to be in a hurry*
  tener (mucha) hambre *to be (very) hungry*
  tener (mucha) sed *to be (very) thirsty*

  > Tengo ganas de ir al cine esta noche.
  > *I feel like going to the movies tonight.*
  > Yo tengo que estudiar.
  > *I have to study.*

---

10 Fernando is looking at a list of supplies that his classmates can contribute to a group project for the science fair. Complete his statements with the correct form of the verb **tener.**

1. Javier _____ una calculadora.

2. Blanca y Manuel _____ una computadora.

3. Olivia y yo _____ muchos cuadernos.

4. Tú _____ los bolígrafos.

5. Yo _____ un reloj.

6. Rogelio y tú _____ dos reglas.

11 Match each statement on the left with a logical conclusion on the right.

_____ 1. Pedro y Juan Pablo quieren una pizza.

_____ 2. Federico tiene un examen mañana.

_____ 3. A Laura y a Eva les gusta el cine.

_____ 4. Felipe necesita agua *(water)*.

_____ 5. Diana tiene clase a las dos y son las dos menos cinco.

a. Tiene que estudiar.
b. Tiene sed.
c. Tienen hambre.
d. Tiene prisa.
e. Tienen ganas de ver una película.

GRAMÁTICA 1

> **The verb *venir* and *a* + time**
>
> • The verb **venir** *(to come)* is conjugated like **tener** in the present tense except for the **vosotros** and **nosotros** forms.
>
> | | | | |
> |---|---|---|---|
> | yo | **vengo** | nosotros(as) | **venimos** |
> | tú | **vienes** | vosotros(as) | **venís** |
> | usted, él, ella | **viene** | ustedes, ellos, ellas | **vienen** |
>
> • Use the preposition **a** plus the time to say at what time something is happening.
>
> **¿A qué hora** vienes?   Vengo **a las cinco** de la tarde.
> *At what time are you coming?*   *I'm coming at five in the afternoon.*

12 Use the verb **venir** and the cues below to tell when the following people come to school.

MODELO Josie / 7:00 **Josie viene a las siete.**

1. yo / 7:45

   _____

2. Elena y Adán / 8:40

   _____

3. tú / 7:30

   _____

4. Pepe y yo / 8:10

   _____

13 Answer the following questions about your daily schedule.

1. ¿A qué hora vienes al colegio?

   _____

2. ¿A qué hora tienes la clase de inglés?

   _____

3. ¿A qué hora tienes el almuerzo?

   _____

4. ¿A qué hora tienes la clase de español?

   _____

La vida escolar

14 Soledad wants to do many things at school today. Write where she should go to do each activity.

MODELO Soledad quiere leer muchos libros. **la biblioteca**

1. Soledad quiere ir al concierto. _____

2. Soledad quiere comer. _____

3. Soledad quiere ir a la clase de español. _____

4. Soledad quiere hacer ejercicio. _____

15 It's Wednesday afternoon, and you're trying to make plans with your friend Samuel, but he's busy all the time. Complete his responses to your questions.

_____ 1. —Hola, Samuel. ¿Qué vas a hacer el sábado y el domingo?
—___ voy a leer unos libros.
a. La próxima semana   **b.** Este fin de semana

_____ 2. —¿Vas al partido de fútbol americano esta tarde?
—No, ___ voy a estudiar.
a. hoy   **b.** pasado mañana

_____ 3. —¿Vas a ir al concierto mañana?
—No, el ___ tengo clase de tenis.
a. miércoles   **b.** jueves

_____ 4. —¿A qué hora vas a llegar al colegio pasado mañana?
—¿___? Voy a llegar temprano.
a. El viernes   **b.** El martes

_____ 5. —¿Vas a la reunión del club de alemán el lunes próximo?
—___ no voy a ir al club.
a. Esta semana   **b.** La próxima semana

16 Sara has a busy day before her. Put her sentences in chronological order by writing numbers in the blanks. The first one has been done for you.

_3_ Después del partido tengo un ensayo a las once de la mañana.

_5_ Por la tarde voy a patinar con Pilar, mi mejor amiga.

_1_ Hoy voy a hacer muchas cosas.

_4_ Al mediodía quiero comer comida china.

_2_ Por la mañana voy a ir al partido de volibol.

_6_ Luego Pilar y yo vamos a regresar a casa.

VOCABULARIO 2

17 Look at this school activity calendar for next week and write a sentence telling what will happen each day and where it will take place. Be sure to state the time of day (morning, afternoon, etc.).

lunes	martes	miércoles	jueves	viernes
volibol 4:00 P.M. gimnasio	club de arte 8:00 A.M. biblioteca	fútbol 5:00 P.M. estadio	concierto 1:00 P.M. auditorio	baile 8:30 P.M. gimnasio

MODELO lunes **Hay un partido de volibol en el gimnasio por la tarde.**

1. martes _____

2. miércoles _____

3. jueves _____

4. viernes _____

18 The students below are talking about their plans for tomorrow. Write complete sentences to show how they might describe their schedules. Use the phrases **por la mañana, por la tarde, por la noche, primero, después,** and **luego.** The first one has been done for you.

Sebastián 2:30 P.M. ensayo 4:30 P.M. biblioteca 6:00 P.M. regresar a casa	Primero voy al ensayo. Después voy a la biblioteca. Luego voy a regresar a casa.
Josie 8:30 A.M. colegio 3:30 P.M. centro comercial 7:45 P.M. cine	_____ _____ _____ _____
Gerardo 10:30 A.M. piscina 1:00 P.M. cafetería 3:30 P.M. regresar a casa temprano	_____ _____ _____ _____
Daniela 9:00 A.M. clase de francés 10:00 A.M. computación 11:30 A.M. educación física	_____ _____ _____ _____

VOCABULARIO 2

19 In each of the conversations below, Alan is asking his friends to do something with him. Complete the sentences by filling in the blanks with the words in the box. Use each phrase at least once.

sabes qué	claro que sí	regresar
verdad	no sé	no voy a ir
vienes conmigo	qué tal si	vas a ir

Alan   ¿(1)_____ vamos a la fiesta en la cafetería?

Raúl   ¿(2)_____? Tengo que estudiar.

Alan   Betty, tú vas a ir a la fiesta, ¿(3)_____?

Betty   No, (4)_____. Hoy tengo que

(5)_____ a casa temprano.

Alan   Delia, hay un partido de tenis hoy. (6)_____, ¿no?

Delia   Mmm... (7)_____. No tengo ganas.

Alan   Jorge, el sábado (8)_____ al concierto, ¿no?

Jorge   (9)_____. Nos vemos a las cinco de la tarde.

20 Read the following e-mail that Gregorio wrote to a classmate. Then tell whether each of the statements below is **cierto** *(true)* or **falso** *(false)*.

> Miércoles, el 4 de mayo. ¿Cómo estás, Hank? ¿Vas al partido de tenis mañana? Yo no voy a ir porque los jueves tengo clase de piano. ¿Qué vas a hacer la próxima semana? Yo voy a estudiar. Voy a presentar el examen de matemáticas el viernes. ¿Tú tienes un examen el viernes? Por la tarde hay un partido de fútbol. ¿Qué tal si vamos?
>
> Hasta pronto,
> Gregorio

_____ 1. Gregorio no va a ir a la clase de piano mañana.

_____ 2. Gregorio tiene que estudiar para su clase de matemáticas.

_____ 3. Hay un partido de fútbol mañana por la tarde.

_____ 4. Gregorio no quiere ir al partido de fútbol porque tiene que estudiar.

_____ 5. Gregorio va a presentar un examen el viernes.

Cuaderno de vocabulario y gramática

La vida escolar

Ir a with infinitives

- Use **ir a** + an infinitive to talk about what someone is going to do.

  ¿Qué vas a hacer mañana?   Voy a estudiar mañana.
  What are you going to do tomorrow?   *I'm going to study tomorrow.*

- Use **el** + a day of the week to talk about a specific day.

  El domingo voy a nadar.
  On Sunday I'm going swimming.

---

21 Yolanda is writing a letter to a friend telling about her busy week. Choose the correct forms of **ir** to complete the letter.

Hola Marcia, ¿cómo estás? Esta semana **(1)**_____ al colegio a las ocho de

la mañana. Casi todos los estudiantes **(2)**_____ a ir a las ocho y media.

Mañana mis amigos y yo **(3)**_____ a salir. Mi amiga Elena **(4)**_____

a jugar al tenis conmigo. ¿Tú y Sandra **(5)**_____ a salir también? Este

fin de semana yo **(6)**_____ al centro comercial porque necesito zapatos.

¿Y tú? ¿Qué **(7)**_____ a hacer esta semana? Hasta pronto,

Yolanda

22 Use the phrases in the columns below to write six sentences. Remember to conjugate the verb **ir.** The first one has been done for you.

Él	ir a	ver un partido	lunes
Mercedes		descansar	martes
Usted		comer pizza	miércoles
Ellos		ir al concierto	jueves
Hernán y tú		estudiar	viernes
Nosotras		presentar un examen	sábado

1. **Él va a presentar un examen el viernes.**_____

2. _____

3. _____

4. _____

5. _____

6. _____

GRAMÁTICA 2

The present tense of -er and -ir verbs

• To conjugate regular -er and -ir verbs, drop the infinitive endings and replace them with the endings below.

	correr *(to run)*	**abrir** *(to open)*
yo	corr**o**	abr**o**
tú	corr**es**	abr**es**
usted, él, ella	corr**e**	abr**e**
nosotros(as)	corr**emos**	abr**imos**
vosotros(as)	corr**éis**	abr**ís**
ustedes, ellos, ellas	corr**en**	abr**en**

• Some regular -er and -ir verbs are: **comer** *(to eat)*, **leer** *(to read)*, **beber** *(to drink)*, **asistir** *(to attend)*, **interrumpir** *(to interrupt)*, and **escribir** *(to write)*.

23 Choose the correct form of the verb to complete each sentence.

_____ 1. Yo siempre ____ en la cafetería.
    a. come   **b.** comen   **c.** como

_____ 2. Los profesores nunca ____ a los estudiantes.
    a. interrumpen   **b.** interrumpe   **c.** interrumpís

_____ 3. Nosotros siempre ____ los libros para la clase.
    a. leo   **b.** leemos   **c.** lees

_____ 4. Ustedes ____ a las clases de computación por la mañana.
    a. asistimos   **b.** asiste   **c.** asisten

Tag questions

• Add **¿no?** or **¿verdad?** to the end of a statement to make it a question.

Vas a la reunión, ¿no?   Tienes el libro, ¿verdad?
You're going to the meeting, right?   *You have the book, don't you?*

24 Write a tag question for each of Mónica's answers.

MODELO Sí, hoy tengo clase de inglés. **Hoy tienes clase de inglés, ¿no/verdad?**

1. _____
    Sí, como el almuerzo en la cafetería.

2. _____
    No, Pablo no lee libros de historia.

3. _____
    Sí, la biblioteca abre a las ocho.

GRAMÁTICA 2

Some *-er* and *-ir* verbs with irregular *yo* forms

• **Hacer** *(to do, to make)*, **poner** *(to put)*, **traer** *(to bring)*, **saber** *(to know)*, **ver** *(to see)*, and **salir** *(to go out)* are regular *-er/-ir* verbs in the present tense except in the **yo** form. These are the irregular **yo** forms of the verbs.

   hago   **pongo**   **traigo**   **sé**   **veo**   **salgo**

• **Salir + de** means *to leave (a place)*. **Saber + de** means *to know (about something)*.

   Salgo del colegio a las tres.   ¿Tú sabes mucho de ciencias?
   I leave school at three o'clock.   *Do you know a lot about science?*

---

25 Below is a list of things that Diego does on a school day. Write a sentence telling whether or not you do each thing yourself.

   MODELO Diego pone libros en una mochila.
              Yo no pongo libros en una mochila.

   1. Diego trae comida china los viernes.

   _____

   2. Diego hace la tarea por la noche.

   _____

   3. Diego ve televisión por la tarde.

   _____

   4. Diego sale del colegio a las cuatro de la tarde.

   _____

26 Choose the correct verb from the box to complete each of the following sentences.

   _____ **1.** Usted ____ algo de biología.

   _____ **2.** Frank y yo ____ del cine a las tres.

   _____ **3.** Betty, tú ____ mucho de química.

   _____ **4.** Yo ____ poco de matemáticas.

   _____ **5.** Juan y Rodolfo ____ del colegio a las dos.

a. sabe
b. salen
c. salimos
d. sé
e. sabes

En casa con la familia

1 Look at Paco's family tree. Then answer the questions below in Spanish.

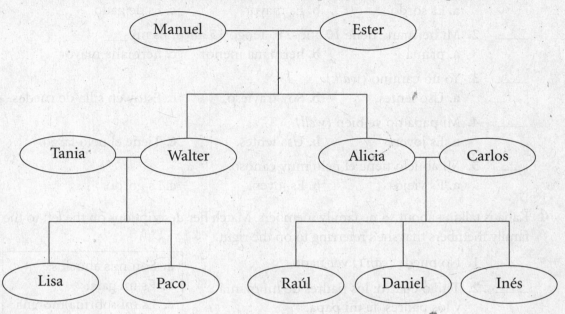

1. ¿Quiénes son los padres de Walter? _____

2. ¿Cómo se llama el abuelo de Raúl? _____

3. ¿Cuántos primos tiene Lisa? _____

4. ¿Quién es la hija de Manuel y Ester? _____

5. ¿Cómo se llaman los tíos de Daniel? _____

2 Complete the sentences below to explain who each of your family members is.

1. La madre de mi padre es mi _____.

2. El hermano de mi padre es mi _____.

3. Soy el nieto / la nieta de _____.

4. La hija de mis padres es mi _____.

5. Los hijos de mi tía son mis _____.

6. La hija de mi hermano es mi _____.

7. Yo soy el hijo / la hija de mis _____.

8. Mi hermano y yo somos los sobrinos de nuestros _____.

9. El padre de mi madre es mi _____.

VOCABULARIO 1

3 Choose the correct description for each of the people below.

_____ **1.** Mi primo no oye *(hear)*.
    a. Es sordo.   **b.** Es mayor.   **c.** Es delgado.

_____ **2.** Mi hermana tiene 10 años. Yo tengo 15 años. Es mi ____.
    a. prima   **b.** hermana menor   **c.** hermana mayor

_____ **3.** Yo no camino *(walk)*.
    a. Uso lentes.   **b.** Soy travieso.   **c.** Estoy en silla de ruedas.

_____ **4.** Mi papá no ve bien *(well)*.
    a. Es joven.   **b.** Usa lentes.   **c.** Tiene el pelo largo.

_____ **5.** Mi abuelo tiene el pelo muy canoso.
    a. Es viejo.   **b.** Es joven.   **c.** Es gordo.

4 Katia is talking about some family members. Match her descriptions on the left to the family members that she's referring to on the right.

_____ **1.** No puede *(can't)* ver nada.

_____ **2.** Tengo cuatro: los padres de mi mamá y los padres de mi papá.

_____ **3.** Pufi es blanca y gorda.

_____ **4.** Ellos y yo tenemos el mismo *(same)* padre y la misma madre.

_____ **5.** Tiene el pelo y los ojos negros.

> **a.** Son mis abuelos.
> **b.** Es mi gata.
> **c.** Es mi sobrina morena.
> **d.** Es mi prima ciega.
> **e.** Son mis hermanos.

5 Mario has a dog and Estela has a cat. The two are as different as pets can be. Read each description of Mario's dog and write one of Estela's cat.

MODELO El perro de Mario es travieso.
    El gato de Estela es bueno.

1. El perro de Mario es joven.

_____

2. El perro de Mario es delgado.

_____

3. El perro de Mario tiene pelo largo.

_____

4. El perro de Mario tiene ojos azules.

_____

5. El perro de Mario es blanco *(white)*.

  50

VOCABULARIO 1

6 Look at the picture of Patty and her grandmother. Then, answer the questions below in complete sentences.

1. ¿Cómo tiene el pelo Patty? _____

2. ¿Quién está en una silla de ruedas? _____

3. ¿Quién es joven? _____

4. ¿Cómo es el pelo de la abuela? _____

5. ¿Qué usa la abuela? _____

7 Answer the following questions about yourself. Be sure to write your responses in complete sentences.

1. ¿Usas lentes?

_____

2. ¿Tienes el pelo castaño?

_____

3. ¿Cómo son tus ojos?

_____

4. ¿Cuántas personas hay en tu familia?

_____

5. ¿Tienes primos?

_____

6. ¿Tienes un(a) hermano(a)? ¿Cómo es?

_____

7. ¿Cómo se llaman tus padres?

_____

En casa con la familia

Possessive adjectives

- Possessive adjectives are used to show what belongs to whom and to describe relationships. They indicate the owner and are placed before the thing possessed.

- Possessive adjectives agree in number and gender with the thing possessed, not the owner.

One owner		*More than one owner*	
One watch	*More than one watch*	*One watch*	*More than one watch*
mi reloj	**mis** relojes	**nuestro** reloj	**nuestros** relojes
tu reloj	**tus** relojes	**vuestro** reloj	**vuestros** relojes
su reloj	**sus** relojes (él/ella)	**su** reloj	**sus** relojes (ellos/ellas)
su reloj	**sus** relojes (usted)	**su** reloj	**sus** relojes (ustedes)

- Masculine and feminine forms exist only in the **nosotros** and **vosotros** forms.

    Mi perra es blanca y negra.   Vuestra gata es de color café.

- Possessive adjectives replace the expression **de** + person.

    Enrique es el primo **de Juan**.   Enrique es **su** primo.

---

8 All the people below like to go out with members of their own family. Use the appropriate possessive adjective to show with whom each one goes out.

    1. Sarita y Juan salen con (mi / su) sobrina. _____

    2. Alma sale con (tus / sus) primas. _____

    3. Vosotros salís con (vuestro / nuestro) tío. _____

    4. Tú sales con (sus / tus) hermanas. _____

    5. Yo salgo con (sus / mis) abuelos. _____

    6. Ustedes salen con (sus / vuestros) hermanos. _____

    7. Mi hermano sale con (su / tu) perro. _____

9 Complete each sentence with the correct possessive adjective. The owner is indicated in parentheses.

MODELO (yo) **Mis** abuelos viven con nosotros.

    1. (tú)_____ hermanos son traviesos.

    2. (nosotros)_____ primas tienen el pelo largo.

    3. (él)_____ sobrinos tienen el pelo corto.

    4. (ustedes)_____ papá tiene ojos azules.

    5. (vosotras)_____ tías tienen el pelo negro.

    52

GRAMÁTICA 1

Stem-changing verbs: o → ue

- Some verbs change their stems when they are conjugated. Certain verbs such as **dormir** *(to sleep)*, **volver** *(to go* or *come back)*, **almorzar** *(to have lunch)*, and **llover** *(to rain)* change the **o** in their stem to **ue** in some of their conjugated forms.

yo	d**ue**rmo	nosotros(as)	dormimos
tú	d**ue**rmes	vosotros(as)	dormís
usted/él/ella	d**ue**rme	ustedes/ellos/ellas	d**ue**rmen

Mi perro **duerme** por la noche. *My dog sleeps at night.*

- **Dormir hasta** means *to sleep until* a certain time. **Duermo hasta** las ocho.

---

10 Choose the correct verb to complete the sentences about Darlene's activities with her family.

_____ 1. Los fines de semana yo ____ con mis abuelos.
   a. almuerzan   **b.** almuerzo

_____ 2. Mi hermano también ____ con nosotros.
   a. almuerza   **b.** almorzamos

_____ 3. A veces nosotros ____ en la casa de ellos los sábados.
   a. duermen   **b.** dormimos

_____ 4. Cuando ____, jugamos a juegos de mesa con los abuelos.
   a. llueve   **b.** llover

_____ 5. Mis abuelos ____ la siesta por la tarde.
   a. duerme   **b.** duermen

_____ 6. Mi hermano y yo ____ a casa en el autobús *(bus)*.
   a. vuelve   **b.** volvemos

_____ 7. Cuando tengo una reunión, mi hermano ____ a casa solo.
   a. vuelve   **b.** vuelves

11 David is telling you about what he does on Sundays. Complete each of his statements below by supplying the correct conjugated form of one of the verbs in the box.

comer	lavar	volver	dormir	almorzar

1. Los domingos casi siempre _____ hasta tarde.

2. Por la mañana, _____ la ropa.

3. Por la tarde, salgo con mi primo. A veces nosotros _____ en un restaurante.

4. Casi siempre _____ comida china.

5. A veces mi primo _____ a casa conmigo y alquilamos videos.

Cuaderno de vocabulario y gramática

(53)

Stem-changing verbs: e → ie

- Some verbs such as **empezar** *(to start)*, **merendar** *(to have a snack)*, **entender** *(to understand)*, and **querer** *(to want)* change the **e** in their stem to **ie.** Only two forms of these verbs, **nosotros** and **vosotros,** keep their stem unchanged.

yo	emp**ie**zo	nosotros(as)	empezamos
tú	emp**ie**zas	vosotros(as)	empezáis
usted/él/ella	emp**ie**za	ustedes/ellos/ellas	emp**ie**zan

El partido de fútbol **empieza** a las tres.
The soccer match starts at three o'clock.

- Use **empezar a** with an infinitive to talk about starting to do something.

¿A qué hora **empiezas a** hacer tu tarea?
What time do you start doing your homework?

---

12 Complete the conversation between Mayra and her Spanish cousin Celeste using the correct form of each verb.

—Mayra, ¿a qué hora **(1)**_____ (empezar) tu clase de ballet?

—A las cinco. Pero primero yo **(2)**_____ (merendar).

—Mi mamá **(3)**_____ (querer) ver tu clase de ballet.

—Entonces, ¿vosotras **(4)**_____ (querer) ir conmigo?

13 Use the cues below to write complete sentences. Be sure to use the correct verb forms.

MODELO ustedes / merendar / diez
Ustedes meriendan a las diez de la mañana.

1. yo / empezar / hacer / tarea

_____

2. tú / merendar / frutas y queso

_____

3. él / querer / salir / hermanas

_____

4. ustedes / entender / francés

_____

5. nosotros / merendar / días

_____

En casa con la familia

14 Raquel has written descriptions of some areas in her house. Can you identify each? Choose your answers from the words in the box.

la cocina	el patio	el garaje	la habitación
el comedor	el jardín	la sala	el baño

1. donde hay muchas plantas _____

2. cuarto donde duerme Juanita _____

3. donde mis padres ponen el carro _____

4. donde me lavo el (*I wash my*) pelo _____

5. cuarto donde preparamos la comida _____

6. donde comemos cuando hace buen tiempo _____

7. cuarto donde vemos televisión _____

8. donde comemos por la noche _____

15 Complete each sentence to tell what Gilda is saying about the rooms and the furniture in her house.

1. En mi cuarto hay una cama y un _____.

2. Cuando no quiero descansar en mi cama, duermo una siesta en

   el _____.

3. Quiero poner un computador encima de (*on top of*) la _____.

4. Cuando voy a salir de la casa, abro la _____.

5. Cuando hace buen tiempo, me gusta abrir la _____ para ver
   el jardín.

6. En mi patio hay muchas _____.

7. En mi casa tenemos un comedor grande con una mesa grande y

   ocho _____.

8. A mis hermanitos les toca arreglar su _____ todos los días.

9. Tengo una bicicleta muy bonita y cuando llueve tengo que ponerla (*put it*)

   en el _____.

10. Por la mañana siempre me peino (*comb my hair*) en el _____.

VOCABULARIO 2

16 Your Chilean friend Fernando is describing where some of his relatives live. Can you tell in what area each one lives from what he says below?

_____ 1. Mis primos viven en un apartamento en un edificio grande de seis pisos.

_____ 2. Mi tía vive en una casa con un jardín muy grande y con muchos animales.

_____ 3. Mis abuelos viven en una ciudad pequeña.

> **a.** las afueras o el campo
> **b.** la ciudad
> **c.** el pueblo

17 Identify the chore that is being done in each picture.

MODELO

MODELO lavar los platos

1.
2.
3.

4.
5.
6.

1. _____

2. _____

3. _____

4. _____

5. _____

6. _____

56

VOCABULARIO 2

18 Use the cues below to write Sofía's reaction to each of the following chores. Use each expression at least once.

Me parece muy bien.	**¡Qué lata!**	**Me parece injusto.**	**No es gran cosa.**

1. A mí nunca me toca lavar el carro. _____

2. Mi hermano nunca saca la basura. _____

3. A veces cuido a mis hermanos pequeños. _____

4. A mi hermano le toca limpiar la sala. _____

5. Yo siempre hago los quehaceres pero mi hermana no hace nada.

_____

6. A menudo tengo que cortar el césped cuando llueve. _____

19 Read the description Roberto wrote about his house and answer the questions below in Spanish.

Nuestra casa es algo pequeña. Está en la calle Principal, número 5D. Tiene una cocina, una sala y tres habitaciones. Tenemos un sofá en la sala. También hay un televisor y algunas plantas. En el comedor hay una mesa con cinco sillas. Mi hermano, Diego, y yo tenemos una habitación con dos camas y un escritorio. A menudo él arregla el cuarto pero casi siempre lo arreglo yo. ¡Qué lata! Y a él nunca le toca limpiar el baño. No le gusta ayudar en casa. Mi mamá cuida a mi hermana y mi papá lava los platos.

1. ¿Cuál es la dirección de Roberto?

_____

2. ¿Quién hace los quehaceres?

_____

3. ¿Qué le toca hacer a Roberto?

_____

4. ¿Quién cuida a la hermana de Roberto?

_____

5. ¿Dónde ve televisión la familia?

_____

6. ¿Diego limpia el baño a veces?

_____

Cuaderno de vocabulario y gramática

En casa con la familia

Estar with prepositions

- **Estar** is used to describe how someone is feeling. It is an irregular verb.

yo	**estoy**	nosotros	**estamos**
tú	**estás**	vosotros	**estáis**
usted/él/ella	**está**	ustedes/ellos/ellas	**están**

- Use **estar** + a preposition to say where something or someone is in relation to something else. The preposition may be more than one word.

delante de	*in front of*	**detrás de**	*behind*
cerca de	*close to, near*	**lejos de**	*far from*
encima de	*on top of, above*	**debajo de**	*under(neath)*
al lado de	*next to*		

Mi gato está **encima de** la cama.   *My cat is on top of the bed.*

---

20 Cristina's cousin has just come in the house and is looking for Cristina and her brother. Complete their conversation using the correct forms of **estar.**

—Cristina, ¿dónde (1)_____?

—Yo (2)_____ en el patio.

—¿Dónde (3)_____ tu hermano Juan?

—Él (4)_____ en el garaje.

—¿Ustedes siempre (5)_____ en la casa por la tarde?

—Sí, Juan y yo siempre (6)_____ en la casa a las cinco.

21 Read the following descriptions of Laura's room. Then, say in Spanish where the second item is in relation to the first.

MODELO La mesa no está al lado de la puerta. **La mesa está lejos de la puerta.**

1. La ventana no está detrás de la mesa.

_____

2. La computadora no está debajo del escritorio.

_____

3. El perro no está encima de la silla.

_____

4. La planta no está cerca de la ventana.

_____

GRAMÁTICA 2

Negation with *nunca, tampoco, nadie,* and *nada*

- **Nunca** *(never)* and **tampoco** *(neither, not either)* can be used in place of **no** or they can be added near the end of the sentence if the sentence already contains **no**.

Tú **nunca** cantas.	**Tampoco** bailas.
Tú no cantas **nunca**.	No bailas **tampoco**.
You never sing.	*You don't dance either.*

- Use **nada** to mean *nothing* as the subject of a sentence. Use **no** before the verb and **nada** after the verb to mean *nothing* or *not anything*.

Nada es difícil para él.	**No** necesito **nada**.
Nothing is hard for him.	*I don't need anything.*

- **Nadie** means *nobody*. To say *not anybody*, use **no** before the verb and **nadie** after the verb.

Nadie va a la playa.	¿Por qué **no** va **nadie** a la playa?
Nobody goes to the beach.	*Why doesn't anybody go to the beach?*

---

22 Restate each of the following sentences in a different way, using the word **no**.

MODELO Nunca voy a la playa. **No voy a la playa nunca.**

1. El gato nunca duerme debajo de la cama.

   _____

2. Nadie arregla la sala.

   _____

3. Mi hermana nunca canta en el baño.

   _____

4. Yo tampoco canto en el baño.

23 Write a sentence to say the opposite of each statement below.

MODELO Yo siempre corto el césped. **Yo nunca corto el césped.**

1. Todos quieren hacer sus quehaceres hoy.

   _____

2. El gato siempre come el almuerzo.

   _____

3. Cora necesita todo *(everything)* para la casa.

   _____

Cuaderno de vocabulario y gramática

GRAMÁTICA 2

Tocar and *parecer*

- **Tocar** + an infinitive says who has to do something or whose turn it is. You can use **tocar** just as you use **gustar**.

me toca(n)	**nos** toca(n)
te toca(n)	**os** toca(n)
le toca(n)	**les** toca(n)

  Me toca lavar los platos hoy.   *I have to wash the dishes today.*
  It's my turn to wash the dishes today.

- Use **parecer** *(to seem)* to express an opinion. It is also used like **gustar**.

me parece(n)	**nos** parece(n)
te parece(n)	**os** parece(n)
le parece(n)	**les** parece(n)

  Quiero salir. A mí **me parece** divertido.   *I want to go out. I think it's fun.*

---

24 Write a sentence using **parecer** to say what you think of each of the following things.

MODELO ir al cine **Me parece formidable.**

1. hacer los quehaceres _____

2. ir al colegio _____

3. arreglar las habitaciones _____

4. cuidar a mis hermanos _____

25 Say what each of the following people has to do today. Then write another sentence to say what you think of each chore.

MODELO (Daniel / sacar la basura)
    A Daniel le toca sacar la basura. No me parece bien.

1. (mis padres / arreglar la sala)

    _____

2. (ustedes / limpiar el patio)

    _____

3. (Sergio y yo / sacar la basura)

    _____

4. (yo / cuidar a mis hermanos)

    _____

60